DISCOURS

PRONONCÉS

LE 6 JUIN 1875

SUR LA TOMBE DE M. L. MAURIN

Conseiller honoraire à la Cour d'appel
de Nimes ,

ancien Secrétaire perpétuel de l'Académie du Gard, .

PAR

M. GOUAZÉ

Premier Président de la Cour d'appel de Nimes

ET M. Irenée GINOUX ,

Membre de l'Académie du Gard.

———

NIMES

TYPOGRAPHIE CLAVEL — BALLIVET
12, rue Pradier, 12.

—

1875

DISCOURS

DE M. LE PREMIER PRESIDENT GOUAZÉ

Messieurs,

Au moment où je viens, au nom de la
Cour, adresser à notre collègue le dernier
adieu, ma pensée se reporte avec une pro-
fonde tristesse aux cruelles souffrances
qu'il a traversées avant d'ariver à la mort.
M. le conseiller Maurin nous avait quit-
tés, il y a deux ans, pour prendre sa re-
traite. Une maladie grave l'avait conduit
avant l'heure à cette détermination. Hélas!
ce n'était ni le repos ni l'apaisement qu'elle
devait lui procurer. Le mal qui le dévo-
rait est allé s'aggravant tous les jours, et
il a passé ces deux années au milieu de
souffrances que l'art était impuissant à
calmer, d'autant plus grandes qu'elles
étaient sans espoir et qu'elles rendaient
presque importunes les consolations de ses
amis.

Disons-le à l'honneur de sa mémoire :
dans cette lutte, son âme s'est montrée

noble et forte ; aucune plainte n'est sortie de sa bouche et il a attendu avec une résignation chrétienne et courageuse la fin de son épreuve.

Dieu donnera à celui qui a tant souffert sa récompense. Nous, ses collègues, nous apportons sur sa tombe le tribut de nos regrets et le témoignage d'estime qui est dû à une vie remplie par le travail , le constant amour et l'accomplissement du devoir.

M. le conseiller Maurin appartenait à cette génération qui se distingua sous le gouvernement de la Restauration par le goût des lettres, de la politique et l'amour de la liberté. (1). Imagination vive, nature sensible et impressionnable, il avait l'enthousiasme que communiquaient à la jeunesse de ce temps où le scepticisme n'avait point encore envahi les esprits, des voix éloquentes s'élevant de toutes parts, de la tribune, du palais, des écoles.

La Révolution de 1830 lui ouvrit la carrière judiciaire ; il en parcourut les premières étapes rapidement et avec succès. Nommé substitut à Uzès, le 16 septembre 1830, il était appelé, moins d'un an après,

(1) La liberté fut ton idole,
Non, cette liberté frivole
Dont les traits ne respectent rien.
Non, cette liberté farouche,
Ayant la menace à la bouche
Au front le bonnet phrygien ,
Mais la liberté vertueuse,
Humaine, grande et généreuse
Et qui de l'ordre est le soutien.

(Liquier. — Epître à Maurin, 1865.)

aux mêmes fonctions à Nimes. Successivement juge, juge d'instruction, vice-président dans ce tribunal, il fut nommé, le 24 décembre 1844, procureur du roi. M. Maurin succédait dans ce poste élevé à M. Liquier, dont le nom est cher à la cour de Nimes, et auquel l'attachait une étroite amitié qui lui a inspiré un éloquent éloge de la vie de ce magistrat.

Les fonctions du ministère public exigent des qualités rares d'esprit et de caractère. Elles sont difficiles, surtout à ces époques ou la société troublée par la lutte des passions politiques, impatiente du malaise que ces divisions jettent dans sa marche, aspire à un état meilleur et d'un simple désir de réforme fait sortir une révolution.

M. Maurin fut constamment à la hauteur de sa tâche; il ne se laissa entraîner par aucune passion ; serviteur de la loi, il mit son intelligence et sa volonté à l'appliquer, sans faiblesse comme sans emportement.

C'est l'honneur des fonctions du ministère public qu'elles ne s'exercent pas sans péril. Dans les temps de révolution elles attirent sur ceux qui les ont remplies avec conviction et avec courage la colère du parti vainqueur. M. Maurin perdit sa place, mais il avait pendant dix-huit ans trop bien servi son pays pour que le souvenir de ses services et de son mérite n'appelât pas bientôt une légitime réparation.

Le gouvernement républicain lui offrit, en 1849, les fonctions de procureur général à la Martinique.

Quitter son pays, sa famille, ses amis ,

s'exiler vers des climats dévorants, il y
avait bien de quoi faire hésiter un courage
moins ferme que celui de nôtre collègue.
L'élévation du titre ne fut pas cependant
ce qui le séduisit, mais la révolution, et ce
fut son bienfait, avait proclamé l'abolition
de l'esclavage. Ce n'était pas une mission
sans honneur pour un magistrat dont l'âme
ressentait vivement toute idée noble et
grande de concourir à assurer sur la terre
française l'affranchissement de l'humanité.

M. Maurin partit avec cette espérance,
mais ses forces trahirent son courage, sa
santé compromise lui fit un devoir du re-
tour.

Deux ans après, en 1852, il prenait sa
place dans vos rangs après avoir fait un
séjour de quelques mois dans la cour de
Montpellier.

Ceux qui l'ont vu à l'œuvre à cette époque nous ont dit que nul n'apportait plus
de zèle et d'intelligente application à l'accomplissement de ses devoirs, soit qu'il
siégeât aux audiences civiles, soit qu'il
présidât les assises. Il ne reste rien de
ces obscurs travaux du magistrat si ce n'est
la considération et l'estime qu'ils atta-
chent à son nom, lorsque pendant une
vie toute entière il a consacré son temps,
ses études, toutes les forces de son âme à
rendre la justice. Cette récompense, le
concours d'amis et de concitoyens qui se
presse autour de cette tombe, nous dit
assez à quel éminent degré M. Maurin l'a
obtenue.

Les fonctions judiciaires n'occupaient
pas seules l'activité de son esprit. Le culte
des lettres lui était cher ; il leur devait ses
premiers succès et toujours il leur resta

fidèle. L'académie du Gard dont il a été
le secrétaire perpétuel a souvent applaudi
ses œuvres littéraires ; mieux que moi
elle saura les louer les ayant jugées di-
gnes d'être imprimées dans ses annales.

Qu'il me suffise de rappeler ce touchant
commerce poétique qui s'établit entre M.
Maurin et son ami le président Liquier,
alors que l'un incliné déjà vers la tombe
et l'autre atteint du mal qui devait l'y con-
duire, ils évoquaient le souvenir de leurs
jeunes années et cette amitié rare qui devait triompher du temps et survivre à la
mort.

Un jour vint cependant où les consolations que notre collègue puisait dans le
culte des lettres et dans ses travaux académiques lui furent interdites. Il dut s'éloi-
gner de ces réunions qu'il avait tant aimées
et se condamner à la solitude.

Le mal qui sur mon front appesantit sa main
Hélas ! entr'eux et moi dresse son mur d'ai-
rain. (1)

Ainsi il exprimait sa douleur à son ami,
au moment où cherchant un dernier remè-
de à ses maux, il s'enfermait dans sa char-
treuse et demandait à la culture des fleurs
une distraction qui se dérobait à sa prière.

La mort est enfin venue ouvrir à cette
âme épurée et ennoblie par la souffrance le
passage aux régions où l'on ne meurt pas.
La religion a consolé ses derniers moments
et ouvert son cœur aux espérances qu'elle
seule sait donner à cette heure suprême.

Les mains pieuses d'un fils digne de lui,

(1) Maurin. — Epître à Liquier 1868.

ont fermé ses yeux et en quittant ce monde
il a du moins emporté cette consolation d'y
laisser après lui dans la carrière qu'il avait
parcourue honorablement pendant quarante
ans, un héritier de son nom et de ses ver-
tns, sur lequel ses collègues aimeront, j'en
ai l'assurance, à reporter l'affection qu'ils
avaient vouée au père.

5 juin 1875.

DISCOURS

DE M. IRÉNÉE GINOUX.

Messieurs,

Je dois à une circonstance douloureuse
pour notre président actuel le triste et périlleux honneur de parler au nom de l'académie du Gard, devant la tombe de notre
confrère M. Léonce Maurin. Je dis triste,
le mot s'explique par le lieu où nous nous
trouvons ; j'ajoute périlleux, car je crains
bien de ne pouvoir parler de lui comme il
le méritait, comme il savait parler des autres.

Vous venez d'entendre ce que fut M.
Maurin comme magistrat et comme homme, j'ai à vous dire ce qu'il fut comme
membre de notre compagnie, et je ne ferai
que confirmer l'éloge tombé d'une bouche
autrement autorisée que la mienne.

« Le style, c'est l'homme », a dit Buffon ;
l'œuvre l'est bien davantage car on y
trouve à la fois et la forme et le fond. Chez

M. Maurin, l'homme et l'écrivain ne fai-
saient qu'un, la pensée était toujours éle-
vée et le style à la hauteur de la pensée.

A l'aide de ces écrits, je vais, en peu de
mots, vous dire l'histoire de sa vie :

M. Jean-Antoine-Louis-Léonce-Gustave
Maurin naquit à Nimes, le 11 messidor an
xii (3 juin 1804), de Jean-Antoine Maurin, propriétaire, et de Marguerite-Suzan-
ne Montagnon.

Il fit ses études au lycée, alors collége
de Nimes, et il est inscrit comme avocat
dans son contrat de mariage enregistré le
28 janvier 1828. Il n'avait alors que vingt-
quatre ans.

Sa vocation était de faire marcher de
front les devoirs de la magistrature et le
goût des belles-lettres; il était déjà substitut le 28 janvier 1832, lorsqu'il fut élu l'un
des trentes membres résidants qui compo-
saient, à cette époque, l'académie du Gard.
Il ne tarda pas à payer son tribut de bien-
venue à la compagnie : la même année, il
donna lecture d'une traduction du *Nova me-
thodere*, de Leibnitz, dont fit l'éloge un
homme bien compétent en cette matière,
notre excellent et regretté confrère, M. Nicot, alors secrétaire perpétuel de l'académie.

Il devint depuis un des collaborateurs
les plus assidus et les plus distingués du
volume annuel de nos mémoires. Philosophie, littérature, économie politique , ar-
chéologie, rien ne lui demeurait étranger.
Nous ne trouvons que deux lacunes à son
nom dans le tableau de nos publications an-
nuelles. La première, qui va de 1833 à
1838; l'instruction criminelle laisse peu de
loisirs au magistrat qui en est chargé , et

M. Maurin était avant tout l'homme du devoir : il savait lui sacrifier ses goûts.

La seconde lacune que nous avons eu à signaler dans la coopération de M. Maurin aux œuvres complètes de l'Académie va de 1849 à 1851. C'est l'époque à laquelle il était parti comme procureur général pour aller à la Martinique, pays où il prit le germe de cette terrible maladie dont il a souffert de si longues années et qui a fini par le clouer dans ce cercueil.

Nous pourrions prendre la date de son départ dans le compte-rendu des travaux de l'Académie , à la séance publique du 30 août 1850.

M. Maurin, dit à cette occasion le secrétaire perpétuel, nous a laissé pour adieux deux dissertations brillantes, l'une sur l'individualisme et l'association , l'autre sur la pénalité appliquée aux coalitions. Questions bien graves et dont la solution n'a probablement pas satisfait ceux qui croyaient l'avoir trouvée dans ces derniers temps.

Mais comme la présence de M. Maurin contribue à bien remplir nos mémoires académiques, de 1838 à 1849, et de 1851 à 1869, époque à laquelle il nous adressa ses adieux, dans une poésie délicate, qui peint l'homme dans tous les replis de son esprit et de son cœur. Dans le principe, les travaux de l'Académie ne suffisaient pas à son activité, à son penchant pour les études , au besoin qu'il éprouvait d'en répandre les charmes.

En même temps qu'il publiait hors de l'Académie ses *Veillées montagnardes* , où tant de questions sociales sont traitées d'une manière supérieure, il était un des plus infatigables conférenciers d'une œuvre à laquelle on avait donné le nom d'Athénée, et dans laquelle il avait pour collaborateurs, entre autres, MM. Jules Teissier, Nicot, Roux-Ferrand, trois noms qui nous sont chers à bien des titres , qui nous appartiennent, et dont un seul , hélas ! a conservé des larmes pour pleurer M. Maurin.

Dans la succession des années pendant lesquelles M. Maurin a occupé son siége à l'Académie, il a obtenu deux fois les honneurs de la présidence.

A la mort de M. Nicot, en 1865, il fut jugé digne de recueillir l'héritage du secrétaire perpétuel qui, depuis de si longues années, remplissait ces délicates fonctions avec un zèle et un talent toujours nouveaux; et quelques jours après le 25 août 1865, il nous lisait, en séance publique, la notice nécrologique qui, de par nos règlements est due à la mémoire de chacun de nos confrères.

Nous pouvons dire de lui ce qu'il disait alors à propos de M. Nicot : L'Académie serait bien ingrate si elle se montrait oublieuse envsrs sa mémoire ; car « c'est bien grâce à un dévouement sans limite et aux efforts non moins conciliants qu'infatigables dont nous avons été témoins, qu'elle a pu traverser la période des défaillances sans y éteindre son activité, celle des crises passionnées de l'esprit public sans y voir périr son impartiale neutralité, celle des changements successifs de gouvernement sans y abdiquer sa dignité. »

C'est surtout dans cette double fonction de président ou de secrétaire perpétuel de l'Académie du Gard que nous allons connaître **M. Maurin** , comme littérateur, comme économiste, comme philosophe.

Comme écrivain , ses discours étaient purs, corrects, élégants, nourris à la substance des littératures grecques et latines dont il n'avait pas cessé de s'occuper et dans lesquelles il a puisé des études historiques d'un puissant intérêt, notamment dans la période qui a précédé l'empire.

Ses comptes rendus de secrétaire perpétuel étaient des modèles de sage critique et frappés au coin du goût, du bon sens et de la raison. La bienveillance n'excluait pas la sévérité de ses jugements quand l'œuvre lui paraissait la mériter.

Comme économiste , il appartenait à cette école qui fait rentrer dans la science pas mal de questions qui paraissent mieux appartenir au domaine de la morale. Il ne voulait pas surtout qu'aucune des questions économiques s'en détachât complétement.

Nous avons de lui quelques travaux sur les différents systèmes pénitenciers. Quoique très-humain, il cherche à réagir contre certaines théories qui auraient eu pour résultat de faire regretter à nos ouvriers, libres et malheureux, le sort et le bien-être matériel des ouvriers détenus dans nos prisons.

Traite-t-il de la mendicité et du vagabondage, « cette lèpre qui infecte nos rues, nos places et nos campagnes, » sujet constant de méfiance et de crainte , car on sait combien de fois le vol s'est caché sous le haillon de la pauvreté, il a hâte de rassurer les âmes pieuses que pourraient effrayer les efforts tentés par l'esprit de notre époque, pour cicatriser cette plaie honteuse. Il a soin de faire la distinction entre l'homme valide à qui le travail est imposé comme un devoir en ce monde, comme l'accomplissement de la destinée que le Créateur lui a faite, et l'homme infirme à qui la société doit le nécessaire qu'il ne peut se procurer ni par lui-même ni par les siens, à qui incombe cette tâche. Il ne faut pas affranchir le père de l'obligation de nourrir son enfant qui ne peut pas encore travailler, pas plus qu'affranchir l'enfant de nourrir son père qui ne peut plus travailler.

En fait de philosophie, les écrits de M. Maurin sont, je dirais spiritualistes, s'il n'y avait pas le mot de chrétien qui remplit mieux ma pensée.

Ah ! très-cher et très-regretté confrère, il vous a fallu une très-forte dose de cet esprit chrétien, pour supporter avec cette résignation les souffrances physiques et morales que vous a occasionnées le mal cruel qui vous a dévoré lentement pendant de si longues années.

Qui se serait douté, en lisant votre dernière épître d'adieux à l'Académie et que vous aviez chargé votre ami M. Liquier de nous lire, qui se serait douté que la plume qui écrivait des choses si gracieuses était guidée par un cerveau si près du siége d'un terrible mal ?

Où puisiez-vous le courage de parler avec tant de satisfaction de vos plantes et de vos fleurs, pensant sans doute à l'heure, mais n'en parlant pas, où il faudrait les quitter pour toujours !

Lorsque vous écriviez des vers comme ceux-ci :

Qu'au souffle de l'hiver qui rugit dans la
(plaine
Succède du printemps la douce et tiède ha-
(leine.
Que le ciel nébuleux de la rude saison
Fasse place à l'azur, qu'un bienfaisant rayon
De l'astre qui répand la lumière et la vie
Me donne le signal. Je n'ai plus qu'une envie.
C'est de voir mon gazon, mes plantes et mes
(fleurs,
D'admirer leur éclat, d'aspirer leurs senteurs !

A qui, à quoi deviez-vous l'oubli de tant
de maux ? N'est-ce pas que vous saviez
qu'il est inutile de se raidir contre les lois
du sort ? Et certes, vous ne vous attendiez
pas que Dieu, touché de votre résignation,
vous rendrait comme à Job, vous rendrait
la santé, doublerait votre bonheur dans ce
monde sublunaire ; mais vous saviez que
les peines d'ici-bas, supportées ainsi que
vous l'avez fait, ont leur récompense dans
un monde meilleur.

Adieu donc cher et très-regretté confrère : ou plutôt au revoir !

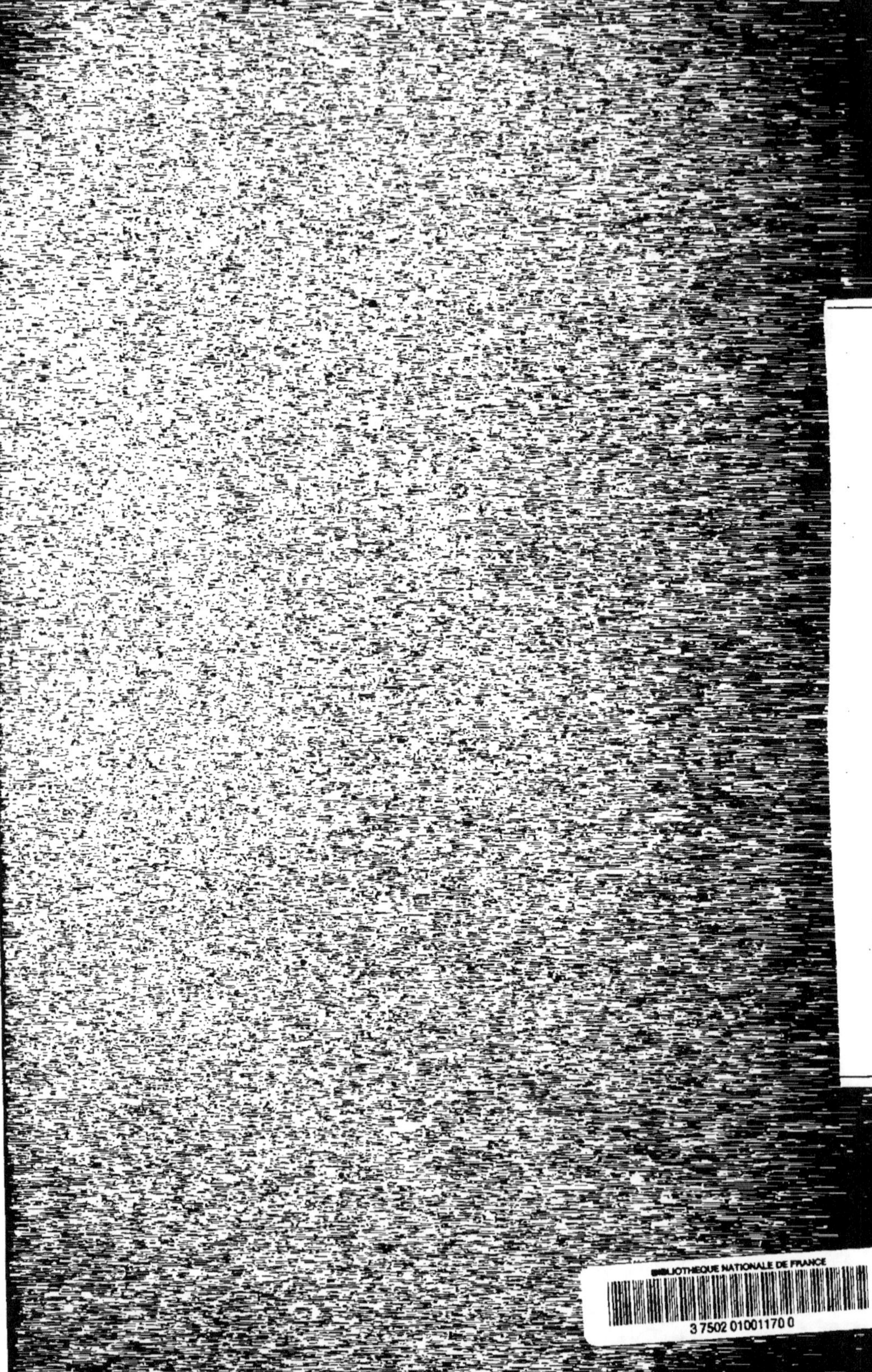